江淮撷珍

Anhui Treasures

江淮撷珍
Anhui Treasures

《安徽博物院陈列展览丛书》编委会

主任委员：杨　果

副主任委员：李修松

委　员：

何长风　汪顶胜　孙荣春　方虹慧　李晓东　杨益峰　邵海卫

朱良剑　黄秀英　邓　峰　李治益

《江淮撷珍》

主　编：朱良剑

副主编：黄秀英　邓　峰　李治益

编　辑：郝颜飞　黄秀英　马　兰

摄　影：傅　渝

江淮撷珍
Anhui Treasures

安徽博物院 编

文物出版社

序

2011年9月29日9时29分，随着剪彩的红绳断开落下，缤纷的礼花飘飞中庭，安徽省公共文化建设的重要工程——安徽博物院新馆以它典雅厚重、独具特色的风采迎来了参加开馆仪式的八方宾朋。在随后国庆佳节的七天时间，观众的参观量就达15万人次之多，是免费开放前安徽省博物馆10年的观众总量。看着早晨6点半就赶来排队，绵延数公里长的观众队伍，成就感与自豪感油然而生，一场胜战之后的如释重负与随之而来的任重道远纷至沓来。

经过近5年的艰苦奋战，安徽博物院新馆推出一个基本陈列——《安徽文明史陈列》，四个特色专题展览——《徽州古建筑》《安徽文房四宝》《新安画派》《江淮撷珍》。《安徽文明史陈列》以安徽文明的起源与发展为主线，分为"人类遗存　涂山会盟——史前时期的安徽"、"青铜礼乐　夷楚华章——夏商周时期的安徽"、"王侯风流　曹操雄略——汉魏晋时期的安徽"、"河运通达　清名流芳——隋唐宋元时期的安徽"和"中都基业　天下徽商——明清时期的安徽"五个部分。展出文物1200件套，其中一级文物246件套，以凌家滩史前玉器、战国青铜重器等系列精品文物为重点，为观众展现了安徽区域各个历史阶段社会发展的代表性文化遗存、历史事件和历史人物，从不同侧面反映安徽历史文明发展的脉络。

《徽州古建筑》分为水口、牌坊、祠堂、民宅、建筑结构与装饰艺术五个单元，比较全面地展示了徽州地区人文历史风貌和古建筑艺术特色，全景式营造徽州古村落的美轮美奂，让观众尽情感悟徽州古代建筑的特色与魅力。

安徽是宣纸、徽墨、宣笔、歙砚的故乡，自古以"四宝"齐全著称于世。文房四宝在发展祖国文化，传播中华文明，促进世界各国文化交流方面，都做出了杰出的贡献。《安徽文房四宝》专题陈列，展出纸、墨、笔、砚四种400多件套文物，以及多种造型美观、制作精巧的笔筒、墨床、镇纸、印章等文房清供，清雅朴素，尽显文人气韵。

古代书画是安徽博物院的特色馆藏之一，其中又以明清时期新安画派为代表的安徽地方书画流派的作品最为丰富。《新安画派》精选了我院所藏新安画派名家名作 90 余件，按照时代顺序，分为"画派先声"、"海阳四家"、"群英荟萃"和"艺风流长"四个部分，展出了新安画派各时期代表画家的代表作品，通过别具特色的陈列形式，向观众展示了明清时期新安地区的文化风貌和艺术特征。

《江淮撷珍》重点展示了院藏部分没有在其他陈列中展出的一级文物（含 2 件一级甲等文物），如宋代金扣玛瑙碗、元代张成造剔犀漆盒和良渚文化时期的玉琮，清代汤鹏、梁应达铁画艺术作品，以及宋元明清时期的金银玉器、精美的竹、木、牙雕制品等院藏古代工艺珍品。这些弥足珍贵的文物，反映出安徽各个时期的时代风尚和审美情趣，给人以美的艺术享受。

随着现代博物馆事业的蓬勃发展，展览图录的编写出版已成为整个陈列展览策划的重要组成部分，是陈列的延展与深入。在展览设计过程中，由于受到展厅面积和展带等多种因素的限制，很多文物历史信息只能粗略带过或无法展示，而图录正是立足于展览，以更宽泛的文化视角解读展览内容，更清晰地梳理历史脉络和文化信息，以弥补展览的缺憾和不足。

图录分为五卷六册，以清新严谨的叙述笔触，试图以丰富的笔墨论述安徽地域文化特色，力求内容丰富、图文并茂、通俗易懂，融知识性、可读性、艺术性、学术性为一体，读者可以从图录中深入了解安徽地域文物之厚重，文化之丰富，历史之悠久。

"长风破浪会有时，直挂云帆济沧海"。安徽博物院新馆的建设落成，五个基本陈列的成功展示，展览图录的编辑出版，凝结了安徽博物院全体干部职工的辛劳和汗水，展现了安徽博物院人才队伍的智慧和创造，昭示了安徽博物院蓬勃发展的后劲和愿景。安徽博物院走过了 50 余年的奋斗历程，经过几代博物馆人艰苦拼搏，达到今天的建制规模，这是全院人的骄傲，也为安徽文化建设史增添了厚重的一笔。欣逢盛世，安徽博物院将在建设充满活力的文化强省、推进社会主义文化大发展大繁荣的道路上继续开拓进取，铿锵前行。

是为序。

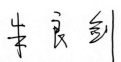

2012年4月

目录

概述

　　安徽襟江带淮，人杰地灵，文物资源丰富，馆藏古代工艺品种类繁多。富丽华贵的金银器、典雅润泽的玉石器、巧夺天工的漆器、工艺独特的铁画、造型别致的竹木牙角器，无不凝聚着古代能工巧匠的心血与才智。他们用卓越而丰富的表现技巧，创造了一个又一个传世珍宝，为中华文明史册增添了辉煌的一页。

　　《江淮撷珍》是安徽博物院精心组织的馆藏特色展，展览共分为金银器、玉石器、漆器、铁画、竹木牙角器五个部分。展品囊括了本院及巢湖、蚌埠、怀远、东至等地市博物馆、文管所收藏的50余件文物珍品，精微工巧，极具时代特色和审美情趣，体现了灿烂的中华传统文化，给人以美好的艺术享受。

　　唐宋时期，我国的金银工艺制作达到了一个新的高峰。我省馆藏金银器大多来源于窖藏、塔基和墓葬中。1958年宣城西郊窑场出土双龙镂空金坠饰等，刻工精致细腻，设计构思巧妙，制作工艺精美。虽多属于宋代器物，但造型纹饰仍可见晚唐遗风。1972年来安县相官公社宋墓出土金镯，摆脱了唐代金银器的影响，风格清淡工雅。1955年合肥小南门元代窖藏出土的的金银器，具有强烈的时代风格，如展陈的菱花形凤纹银果盒、胆式银壶、银匜，刚劲的线条，均衡的比例，显示了元代工匠娴熟的技法和卓越的工艺，虽有南宋风格的影响，却又显得气度非凡，从中可见草原游牧民族所特有的粗犷敦厚圆浑的时代特色。

　　这批器物不仅制作工艺精细，而且多有确切纪年或工匠署名，为研究当时的金银器提供了确切的实物资料。1952年休宁县明代朱晞颜墓出土的葵花形金盏、六角形金杯金盏，为金银器中不可多得的经典之作。这些金银器的历史价值和工艺价值素为文博学者和历史学者所重视。

　　在良渚文化中，玉琮最发达，1996年肥东县张集乡出土的玉琮，具有良渚文化的风格。潜山薛家岗、怀远龙王庙等地先后出土过良渚文化风格的玉琮。其中以刘岗玉琮形体最大、节数最多、雕琢也最为精致。1997年巢湖市北山头西汉墓出土的朱雀衔环玉卮、柿蒂纹玉盒、螭虎纹玉带钩、龙首玉璜等六件玉器是我省汉玉精品，尤以朱雀衔环玉卮最为精致。它设计新颖，构图主次分明，集高浮雕、浅浮雕、平雕、镂雕等多种技法于一器，纹饰的搭配与精雕细琢的工艺堪称古代玉雕一绝，代表了西汉玉雕艺术的最高水平。1972年来安县相官公社出土的北宋金边玛瑙碗，利用玛瑙的自然纹理，金玉结合，富贵典雅，是一件难得的珍品，为安徽省目前唯一的玉器类"国宝"。1987年拣选的海东青攫天鹅玉饰件，表现的是北方游牧民族春季狩猎的情景，俗称"春水玉"，是金代女真族特有的艺术结晶。1956年安庆棋盘山元尚书右丞相范文虎夫妇合葬墓出土了六件玉器，均由和田玉雕琢而成，玉质温润，雕工娴熟，制作精细，为元代玉器珍品。范文虎卒于大德五年（1301年），其夫人卒于大德九年。出土玉器中，虎纽玉押是目前国内唯一有明确出土地点与纪年的玉押出土文物；贯耳玉瓶以阴刻线技法雕琢，线条娴熟流畅，画面生动，碾作技艺高超，造型十分规整，为目前所知元代出土玉器中的瓶类精品；心形活环玉坠最大的工艺特点是活环的制作和梅花形栓柱的设计连接，设计思想和制作工艺十分精妙，具有很高的科学研究价值。

中国已知最早的漆器出土于距今六、七千年的河姆渡遗址中。春秋战国时期漆器大量出现，汉代是我国漆器发展的黄金时代。宋代开始，髹漆工艺普及民间，剔犀技艺始见于南宋，但到了元代，才出现了成就卓著的工艺大师张成和杨茂。据《嘉兴府志》载："张成、杨茂，嘉兴府西塘杨汇人，剔红最得名。"北京故宫博物院藏有张成、杨茂的剔红器。剔犀，是用两种或三种色漆在器物表面把每一道漆刷若干道，达到一定厚度，用刀剔刻出图案，在刀口的剖面呈现不同的色层。本次展出的"张成造"剔犀云纹漆盒，堆漆肥厚，雕工深峻熟练，纹饰丰腴饱满，漆色光亮温莹，是一件非常难得的剔犀传世精品。明清漆器工艺种类更多，有描金、堆漆、嵌螺钿、百宝嵌等。清竹编漆果盒，盖顶运用了雕漆技法和识文描金技法，先堆漆雕出双龙戏珠纹，再以朱漆与金粉描绘。上下外壁为菱形开光，开光用竹丝编织而成，刷金后酷似金丝。雕漆是在堆起的漆面上剔刻花纹的技法，花纹隐起，华美庄重。识文描金是指在堆起的漆或漆灰上雕琢后，用泥金描绘花纹的装饰方法。此件竹编漆盒为徽州竹编与漆器工艺结合的精心之作，雕漆精巧，制作精美，独具匠心。

我省芜湖市乃铁画之乡，芜湖铁画始于清康熙年间，由芜湖铁工汤鹏与芜湖画家萧云从相互砥砺而成。它源于国画，具有新安画派落笔瘦劲简洁、风格冷峭奇倔的基本艺术特征。清代的著名工匠汤鹏、梁应达独辟蹊径，以炉为砚、以铁为墨、以锤为笔，将绘画与锻造技艺合二为一，所锻草书对联"晴窗流竹露，夜雨长兰芽"和《芦蟹图》等均具笔墨未尽情韵，是我国工艺美术苑中的一朵奇葩。汤鹏流传的作品很少，故宫博物院藏《四季花鸟》、镇江博物馆藏《溪山烟霭》及我院藏的草书五言联为目前所知留存至今的作品。

我国的竹雕、木雕和牙雕，历代各有特色，发展到明清时期雕刻技艺超越前代。竹雕也称竹刻，是在竹制的器物上雕刻图案或文字，或用竹根雕刻陈设摆件，根据竹的自然形态进行设计，使其成为供人观赏的艺术品。展出的竹雕童子牧牛造型生动，形象传神，极具情趣。黄杨木质地坚韧光洁，纹理细密，色黄如象牙，年久色渐深，古朴美观，硬度适中，是圆雕雕刻的最佳材料。黄杨木雕就的"铁拐李"，刀法纯朴圆润，细密流畅。结构虚实相间，静中有动。人物刻画形神兼备，栩栩如生。犀角即为犀牛之角，是非常名贵的牙角料之一，比象牙更为稀有。展示的明代犀角杯将圆雕、深浅浮雕、阴刻等技法很自然地结合在一起，刀法圆润，构思及造型奇巧美观，雕工精湛细致，堪称佳器。象牙材质珍贵，象牙雕"说书艺人"设计精巧，刀法细腻精湛，运用多种雕刻技法，将人物的动作和神态刻划得惟妙惟肖。

徽州版画是明代版画声势最为雄壮的一派。它是画家和木刻艺人通力合作的艺术结晶，以工整、秀丽、缜密而妩媚的情调见长。徽州古代有一批以丁云鹏为代表的版画艺术家和以虬村黄氏为代表的名刻工队伍。名画家与名刻工密切合作，留下了绘刻双绝的版画雕刻品。构图之完美，形象之准确，线条之纤丽为同时代其它流派所不及。观音变相雕版，1951年皖南人民文物馆征集，为歙县唐模许承尧旧藏。现存五块，双面刻，另附一片单面雕，刻有明天启二年方绍祚序和民国二十八年许承尧序。据序文可知，此版原有三十二图，为明代万历年间制墨名家程君房的遗物，名为《观世音三十二相大悲心忏》。"此人谢世，板随散轶"。天启二年方绍祚收集失散的雕版，并补刻了缺失部分。民国许承尧发现雕版时只余三十相，刻在5块枣木板上，双面刻，每面三图，计三十图。许承尧依据旧印本模刻方绍祚题记，并附题识考证为明代画家丁云鹏绘图、歙县虬村黄氏刻。此版虽缺二图及原题识，但名刻名绘各尽奇妙，画刻双绝。中国佛教版画观音变相一类作品极多，以绘镌精丽奇绝而言，实以该作品为最。

当我们驻足在这些文物珍品前，零距离感受着扑面而来的丰厚的历史文化气息，仿佛让我们穿越了时空，并透过岁月的尘沙，去探寻往日的神秘。每件展品，都浓缩着一段历史；每段历史，又留存着无数的文化记忆。这些物化了的历史，足以让人们对安徽数千年来的璀璨文化引以为豪。

（执笔：郝颜飞）

第一部分

金银溢彩

金银自古以来

就被视为财富的象征。

其色泽亮丽，

硬度适中，

延展性好，

易捶摆成形，

是制作工艺品的珍贵材料。

金银制品在商代已出现，

唐代以后，

金银器皿为宫廷及贵族阶层

广泛使用。

葵花形金盏

南宋
高 5、口径 10.6、足径 4.4 厘米
1952 年休宁县南宋工部侍郎朱晞颜夫妇合葬墓出土

　　盏由六片花瓣组成，每片花瓣的边缘錾刻连续的秋葵花纹。盏心錾刻六片花叶，中为花蕊。圈足边缘錾刻钱纹一周。俯视金盏，花中有花。制作精巧，极其庄重华美。朱晞颜夫妇墓共出土金银器物 30 余件。朱晞颜，安徽休宁人。生于南宋绍兴五年 (1135 年)，卒于庆元六年 (1200 年)。兴隆元年 (1164 年) 进士，官至工部侍郎。

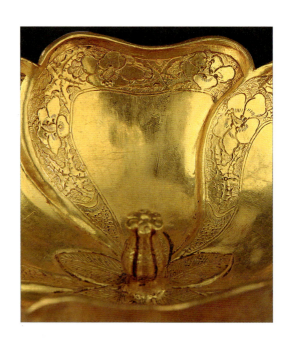

六角形金杯金盏

南宋
杯高 5.5、口径 9.1、足径 4 厘米
盏高 1.6、口径 17.6、底径 13 厘米
1952 年休宁县南宋工部侍郎朱晞颜夫妇合葬墓出土

杯和盏均作六棱。杯的口沿和足底均刻连续的雷纹一周。杯心刻三朵菱花穿环纹。盏口錾刻一条精细的二方连续带形雷纹，盏底外周饰菱形二方连续纹，盏心錾刻六组双线编穿的如意纹，寓"六合如意"。

金镯

北宋
长径 7.8、短径 6.7～7.1 厘米
1972 年来安县相官公社宋墓出土

　　椭圆形，体作联珠状，两端扁平，刻龙首纹。新石器时代的手镯已有一定的装饰性。商周至战国时期，手镯的材料多用玉石。隋唐至宋朝，妇女用镯子装饰手臂已很普遍，手镯的材料和制作工艺有了高度发展，有金银手镯、镶玉手镯等。造型有圆环型、串珠型、绞丝型、辫子型、竹子型等。

双龙镂空金坠饰

北宋
长 7.8、厚 0.7 厘米
1958 年宣城市西郊窑场出土

　　该坠系用两片金叶捶压合成，边缘镂刻联珠纹和草叶纹，两面均镂刻首尾相对的双龙纹，顶端有一穿孔。该坠饰是目前所见较早的霞帔坠饰，它在制作工艺上采用捶、刻和压模等工艺制成，既是实用的装饰品，又是精致的工艺品。

菱花形凤纹银果盒

元

通高 16.8、口径 34.4、足径 26.5 厘米

1955 年合肥市小南门原孔庙旧基元代窖藏出土

果盒由盖、底和格层组成，线刻精细。盖以两只相对飞舞在百花丛中的凤凰为主体，周围 10 个互相连接的莲瓣；边缘和腹部为千姿百态的四季花卉；足部刻带形卷草纹，格层为枝叶繁茂的牡丹花。制作规整，镌刻刚健匀细。

胆式银壶

元
通高 33、口径 9、底径 11 厘米
1955 年合肥市小南门原孔庙旧基元代窖藏出土

侈口，卷唇，颈部细长，胆式腹，圈足。底部镌刻"章仲英造"四字楷书款。通体光素无纹。

银匜

元
高 5.5、口径 18.2、底径 11.9 厘米
1955 年合肥市小南门原孔庙旧基元代窖藏出土

敛口卷唇，圆形鼓腹，平底，长流下置云形支托。底部刻有一个"杨"字。匜为盥洗用具。仿青铜器造型。

第二部分

江 淮 撷 珍
Anhui Treasures

美玉生辉

旧石器时代晚期，

我们的祖先就已发现和使用玉石。

中国文化以美石为玉，

汉·许慎《说文解字》载

"玉，石之美兼五德者"。

玉具有坚韧的质地、

晶润的光泽、

舒扬的声音，

并被赋予仁、义、智、勇、洁"五德"，

体现出中国传统文化的核心价值。

玉琮

新石器时代
口径 7.8、高 39.8 厘米
1996 年肥东县张集乡刘岗村出土

琮体切割规整，为内圆外方的筒形。中孔为管钻对穿而成，有台痕。琮身以四角线为中心，分成四组，饰以神人兽面纹。玉琮是中国古代玉器中重要而带有神秘色彩的礼器，与玉璧、玉圭、玉璋、玉璜、玉琥合称"六器"。其功用说法不一，多数学者认为是沟通天地的法器。良渚文化的玉琮最发达，遗址和墓葬均有出土。安徽境内也有出土，以刘岗玉琮形体最大，节数最多，雕琢也最为精致。

朱雀衔环玉卮

西汉
通高 9.8、口径 7.91 厘米
1997 年巢湖市北山头汉墓出土
巢湖市文物管理所藏

卮是战国、两汉时期流行的一种实用饮酒器，其形制一般应由器盖与卮体两部分组成。玉卮是卮类器中最珍稀昂贵的奢侈品。目前见于著录的汉代玉卮仅有 6 件，其中 5 件为出土器，1 件为故宫传世器。此件玉卮是同类器中构图最繁缛考究、雕琢工艺最精细复杂、文化内涵最丰富的经典之作，可视为同类器中最高工艺成就的代表之作。

蟠螭纹玉饰件

东汉
长 7、宽 4.27 厘米
1984 年怀远县唐集汉墓出土
怀远县文物管理所藏

　　蟠螭是龙属的蛇状神怪之物。一说为黄色的无角龙，一说为雌性的龙。春秋至秦汉时期，青铜器、玉器、铜镜或建筑上，常用蟠螭的形状作装饰，其形式有单螭、双螭、三螭、五螭乃至群螭多种。该件雕琢精细、构图巧妙、线条流畅、螭纹生动活泼，为汉代玉雕珍品。

扣金边玛瑙碗

北宋
高 6.4、口径 13.14、底径 7.3 厘米
1972 年来安县相官公社宋墓出土

口沿镶金边，深腹微鼓，平底。此碗器壁较薄，于
半透明中朦胧地显露出自然纹理。口沿饰以金边，显得
富丽雅致。宋代的官宦阶层和富裕之家，往往在瓷器和
玉器的口沿上包镶金边，特别是碗、盘、奁等瓷器上的芒口，
镶金施彩，甚为流行。这种锦上添花的包镶技术，更增
加了器物的富丽与华贵。

海东青攫天鹅玉饰件

金
长 8、宽 7.7 厘米
1987 年天津外贸旧工艺品中拣选
安徽省文物总店藏

　　海东青俗称猎鹰，又称为隼、鹘或鹰鹘，体小而凶猛，善捕杀大雁、天鹅，金、元时贵族养之用于狩猎。据《金史》记载，女真贵族每年都要进行放鹘捉雁、捕鹅的"如春水"活动。海东青捕雁(鹅)图案正是这一活动的表现。这类题材的玉器被人们称为"春水"玉。作品采用镂雕体现，凶猛的"海东青"从天而降，刹那间擒住天鹅的精彩瞬间刻画得淋漓尽致，让人们看到数百年前"春水之俗"中最壮观、最精彩的场景。风格写实，具有强烈的民族特色。

虎纽玉押

元
高 2.7、边宽 3.5 厘米
1956 年安庆市棋盘山元代尚书右丞范文虎夫妇墓出土

　　虎纽，虎为卧式、俯首盘尾，两目向前平视。印面为剔地阳文画押。押是古代文书契约上所签的名字或所画的符号。至元代"蒙古色目人之为官者，多不能执笔画押，例以象牙或木刻而印之"（见陶宗仪《辍耕录》）。元代玉押为特赐之物，非高官不得使用。范文虎原为南宋殿前副都指挥使知安庆府，后降元，官尚书省右丞。卒于大德五年 (1301 年)，其夫人卒于大德九年。墓中出土虎纽玉押、贯耳玉瓶、心形活环玉坠等一批玉器、纪年明确，为断代标准器。

心形活环玉坠

元

通高 8.6、宽 5.55、厚 1.22 厘米

1956 年安庆市棋盘山元代尚书右丞范文虎夫妇墓出土

玉坠分成三组构件，上有活环，下坠为心形、可分可合。心形坠顶部磨平，镂有一梅花孔。活环底部打平，琢出一梅花形孔。坠与活环之间由一梅花形栓柱连接。整器细腻剔透，构思极为巧妙，再现了元代碾玉工艺的精湛水平。这件玉坠最大的工艺特点是活环的制作和梅花形栓柱的连接。活环是我国玉雕工艺中独特的技术，早在商代即已出现。江西大洋洲遗址出土的活环玉羽人，开创了活环工艺的先河。

贯耳玉瓶

元

通高 7.1、口径 2.75 ~ 3.25 厘米

1956 年安庆市棋盘山元代尚书右丞范文虎夫妇墓出土

瓶体扁圆，口沿较平，长颈，垂腹，圈足稍外侈，造型十分规整。有盖，盖顶阴线雕琢一只蟠螭，线条娴熟流畅、画面生动。颈腹间饰三道凸弦纹，颈两侧各有一个贯耳，做工精细。此瓶玉质晶莹温润，设计典雅，制作技艺高超，为目前所知元代出土玉器中的瓶类精品。贯耳，即对称的纵向中空耳，用以穿绳。

雁纹玉镶件

元
纵 7.3、横 9 厘米
2007 年购于安徽省文物商店

白玉质,镂雕一雁置身于荷花水草间。荷叶翻卷,荷花绽放,水草迎风展动。大雁头穿过水草,颈、翅被草叶缠绕,极度恐慌,苦苦逃窜。玉件极富立体感,画面生动,玲珑剔透。图案构图严谨,雕琢精细,具有很高的艺术水准。

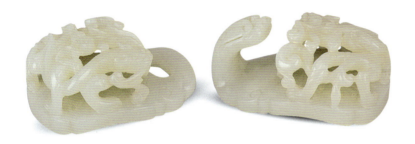

龙纹玉带扣

明末清初
长 10.1、宽 4.4 厘米
1982 年征集，蚌埠市博物馆藏

　　玉带扣首为龙头，用减地技法雕琢而成。带扣正面各镂雕一只螭虎，口衔灵芝、首尾相对。底部委角，边刻卷云纹。背有圆脐。此带扣玉质晶莹温润，白中闪青，设计巧妙，制作精细，具有很高的工艺水平。

花生蜜枣莲子玛瑙佩件

清
长 5.1、宽 3.9、高 2.8 厘米
1970 年长丰县下塘集余氏墓出土

该佩件由整块玛瑙雕琢而成。作者以匠心独运的
构思，极其巧妙地利用玉料的天然色彩，以白色作莲子，
棕色作蜜枣，土黄色作花生，在一块玛瑙上雕饰了三
种不同形状、不同质地的物件，惟妙惟肖，是为"巧雕"。

花卉凤头纹玉带钩

清
长 12.8、宽 2 厘米
2007 年购于安徽省文物商店

　　玉带钩首为凤头，顶部雕饰如意，钩背透雕牡丹，花团锦簇。凤，神话传说中的瑞鸟，为鸟中之王。象征喜庆、安宁、高贵。牡丹素有"国色天香"、"花中之王"的美称，为富贵吉祥、繁荣兴旺的象征。带钩起源于西周，是古代贵族和文人武士所系腰带的挂钩。战国时期，玉带钩的器形已经基本确立。西汉是玉带钩发展的鼎盛期，东汉至唐宋时期玉带钩制作衰落。到了元明清三代，玉带钩的制作开始回升，并且造型优美、技艺高超、玲珑奇巧、颇有神韵。这时期的玉带钩已由实用性逐步转向了玩赏性。

第三部分

漆作天工

我国是世界上用漆最早的国家，

新石器时代的河姆渡文化遗址中

就已发现了漆器。

早期漆器一般在木、竹胎上简单髹涂，

随着漆工艺的发展，

逐步出现了

彩绘、描金、戗金、填漆、

雕漆、镶嵌等工艺，

纹饰华美，巧若天成。

朱雀攫蛇漆豆

战国
通高 20.8、长 20、宽 14 厘米
2003 年天长市安乐镇出土

　　朱雀用头、尾及双翅顶着腰圆形漆盘，两爪抓住一条盘成环状的蛇，扬颈、振翅、目视前方，喙内衔一颗椭圆形珠。朱雀，传说中的祥瑞动物，"四灵"之一。朱雀衔珠，蕴含吉祥之意。整件漆器髹红黑二色，间有描金。造型独特，色彩富丽华贵。

"张成造"剔犀云纹漆盒

元
高6、直径14.5厘米

　　盒为木胎，采用漆器工艺中剔犀技法制成。首先在器物上髹黑漆百余次，当积成一个色层后再髹朱漆若干次，如此反复。当累至所需厚度时，用刀剔刻出如意云头纹，漆层断面呈现出三道朱色线条。盒底边缘有针刻款"张成造"。张成是元代著名的雕漆艺人。此器刀法圆润，刚劲有力，漆质坚密，光泽可鉴，令人赏心悦目，为元代传世剔犀漆器罕见之精品。

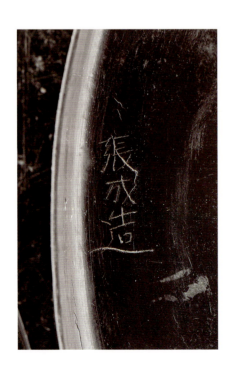

竹丝编朱漆描金龙纹八角果盒

清
通高 23、口径 27.3 厘米
1959 年在皖南收购

盒为木胎，呈八角形盖顶。盖顶用漆灰堆出双龙
戏珠图案，且描金施彩。果盒上下开光，盒身罩以如
绢丝的篾编网片，圈足有描金如意纹。这件果盒编制
工整，富丽精巧，图纹吉祥，为民间漆器工艺的代表作。

描金彩绘山水人物漆盒

明末清初
长 50.3、宽 31、高 11.7 厘米

盒盖描金彩绘山水、楼台和人物，构图疏密有致。盒壁、口沿、足部以及倭角内凹处均饰有描金图案，色彩金碧富丽。周框用细竹丝编成变形"卍"字纹。盒内活格，内髹朱漆，边沿饰描金花卉。制作精致，线条细腻流畅，堪称明代晚期描金彩绘漆器中的佳品。

铁画奇葩

铁画，原名"铁花"。

清康熙年间，

由芜湖铁工汤鹏与画家萧云从

相互砥砺而成。

铁画采用我国传统国画的构图，

运用金银加工、剪纸、雕塑等工艺技法，

以铁代墨、

以锤代笔锻制而成。

其风格刚劲挺秀、虚实相生、神似国画，

为中国独具特色的工艺品。

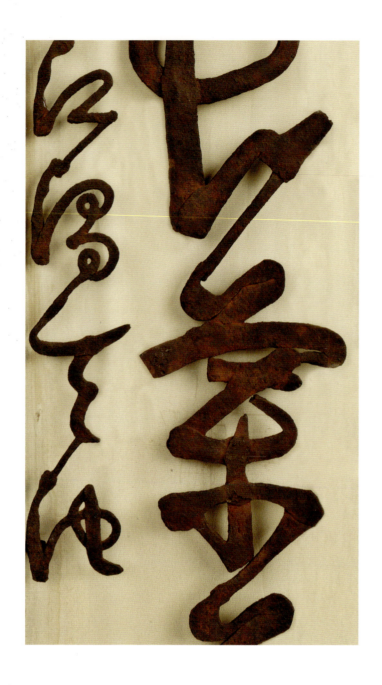

汤鹏草书铁字联

清
长 115、宽 29.5 厘米
伪文献会原藏，1947 年李则纲在芜湖收购

　　上联："晴窗流竹露"，下联："夜雨长兰芽"。右上题"丁卯春日"，左下落"鸠江汤天池"款。此联从头至尾用一根铁条锻制而成，字体流畅飞动，一气呵成，刚柔兼备，充分显示屈铁盘丝的高超炉锤技巧，为铁字艺术的开创之作。汤鹏，字天池。清顺治、康熙间（1644～1722 年）铁画艺人，祖籍徽州，迁居江苏溧水。幼年时为避兵荒而流落到铁冶之乡——芜湖定居。他少为铁工，与画室为邻，"日窥其泼墨势"，从中受到启迪而创出铁画。借助姑孰画派画家萧云从画稿，取铁为墨、借砧作纸，以锤代笔创制了铁画艺术，后又依据名家的手迹锻制铁字。

梁应达铁画芦蟹图

清
长 71、宽 50 厘米
1951 年土改时收购，歙县文化馆交

　　一枝芦苇垂折，蟹三只。其中两蟹似在对阵，互不示弱，另一只忙于觅食，三蟹神态逼真。芦叶转折锻打自然，妙在叶面现出霜打枯痕。空间分割疏密得当，构图布局极富情趣，是一幅不可多得的铁画精品。左侧有"在"、"邦"二印。在邦，即梁应达。梁应达（生卒年不详），字在邦，建德（今东至县）人。聪明过人，多才多艺，善长诗画，勤于进取。其居与铁工为邻，为

创铁画向铁工学习锻铁本领。经几年的探索和实践，创铁画成功，凡画工之所能画的，他皆能以铁锻成，时人无不称奇。据《建德县志》记载：他锻制的铁宫灯，玲珑剔透，铁绘花鸟虫鱼，"其枯荣舒敛、行止飞跃之情态，无不各得其物之本末，栩栩如生，使攻术者雕琢而为之不能"。

梁应达铁画山水

清
高 63.7、长 71 厘米

　　一船停泊在近处的崖下，舱内一人似在小憩。远处三条小舟，正扬帆竞发。画面水天辽阔，空间感极强。远山近树，构图布局疏密得体。笔划刚劲，收放自如，线条简约而遒劲有力。

梁应达铁画梅花山水

清
长 51.2、宽 71 厘米

　　远处一人骑驴，一人负薪沿山路缓缓而下。近处一株老梅上，稀疏的花朵在严冬里绽放。画面简淡高古、秀逸清雅，造型形象逼真。

梁应达铁画山水

清
长 77、宽 62 厘米

　　远方山脉，凋零的树木映衬一户人家。近处拴马悠闲，枯枝虬张，一派山居野趣。远近呼应，构图简洁巧妙。生趣盎然，充满诗情画意。

梁应达铁画梅花

清

长 35.5、宽 42.5 厘米

　　梁应达的铁画融入文人意趣，作品题材广泛。其最大特点是"以文锻画"。梅花斗霜傲雪，独立寒冬，以其高贵的品格和顽强的生命力深受古代文人雅士的追捧，既是岁寒三友之一，又为"四君子"之一。图中之梅，挺拔有力，虽寥寥数笔，却极富意境。

梁应达铁画兰花

清
长 35.5、宽 42.5 厘米

兰花以其高洁、坚贞的品格，自古以来就受到文人的偏爱，文人雅士常以幽古之兰比拟君子之洁身自好。图中兰花立于山石之上，生机勃勃，极富诗意。

梁应达铁画竹

清
长 35.5、宽 42.5 厘米

古代文人以竹之节比拟人之气节, 象征"正真虚心",
乃"四君子"之一, 图中之竹廖廖数枝, 生趣盎然。

梁应达铁画秋虫草菊花

清
长 35.5、宽 42.5 厘米

　　菊花寓义高洁，自古以来就是文人心目中的"四君子"之一。图中菊、草立于石上、蚂蚱附于草上，虽然笔画寥寥，却富于意境。

梁应达铁画竹石图

清
长 187、宽 98 厘米

竹节以铜丝扭合，亭亭直立，叶片翻转自然，风姿秀逸。折铁为皱做石，古朴苍劲。锻造工艺纯熟，断枝、残叶自然逼真。构图疏密有致，技高画亦佳。

雕饰绝艺

竹雕、木雕、牙雕

是中国工艺美术的

重要组成部分。

竹木雕经历了漫长的发展历程,

至明清时成为独立的雕刻艺术。

牙雕是指象牙雕刻品,

作为一项特种工艺,

在中国艺术史上

占有特殊地位。

木雕铁拐李

清
高 63 厘米

铁拐李为民间传说中的八仙之一。这件作品以黄杨木雕就，造型独特，神态怪异。作者十分注意突出人物的个性。他左手执壶，作仰面张嘴喝酒状。肌肉结实有力，衣纹飘逸，刚柔相济，栩栩如生。八仙，民间传说中道教的八个仙人。即汉钟离、张果老、吕洞宾、铁拐李、韩湘子、曹国舅、蓝采和、何仙姑。八仙故事已见于唐、宋、元人记载，元杂剧中亦有他们的形象，但姓名尚不固定。至明·吴元泰《八仙出处东游记》里，始确定为以上八人。

竹雕童子牧牛

清
高 18、长 18.5 厘米

　　取材于一段竹壁丰厚、节心细小的老竹根，因材施就。牧童手攀牛角，足蹬牛鼻欲上其背。耕牛则回首伫立，任其攀援。作者以简练刀法，因势随形，成功地刻划出牧童与耕牛之间亲昵和谐的关系，具有强烈的动态美和浓郁的田园情趣。

象牙圆雕说书艺人

清
高 27.5、宽 14.2 厘米

　　作品用一整段象牙雕成。人物笑容可掬，神态自然。线条流畅、极具动感。石桌下雕四只小兽，顽皮可爱，更增加了作品的情趣。象牙质地细腻、硬度适中，是制作工艺品的天然材料。中国象牙雕刻始于新石器时代，经过数千年的发展，到清代牙雕工艺进入鼎盛时代，雕刻技法完备，手法多样，圆雕、浅浮雕、高浮雕、镂雕等手法在象牙雕刻中得以普遍运用。

犀角杯

明
口径 13.5×10.5、底径 5×3.4、高 7.5 厘米

　　浅浮雕玉兰花形杯，口大而薄，雕成绽开的花朵状。枝、叶、蒂、萼采用了圆雕技法。内壁花瓣片片，层次分明，线条流畅。外壁有浅雕的花蕾、叶环绕。圆雕蒂、茎盘缠在底部，自然形成杯底边。犀角由角质纤维组成，很坚硬，可以入药，有强心、解毒、止血等作用。明代始见随形雕刻的犀角杯，相传用犀角杯饮酒可以清热解毒，所以它便成为犀角器的主要器形。

关子版及印章

南宋
关子版：长 15.04～22.5、宽 5.61～13.5、厚 0.43～0.55 厘米
印章：长 5.74～6.10、宽 4.13～5.92、厚 0.4～0.5 厘米
东至县文管所藏

　　南宋末年民间仿照官方版私制并印造关子的铅质版。印版、印章各四："宝瓶"版、"壹贯文省"版、"准敕"版、"景定伍年颁行"版和"国用见钱关子之印"、"行在榷货务金银见钱关子库印"、"金银见钱关子监造检查之印"、"□□□见钱关子合同印"。在没有发现原版的情况下，它们是解读当时货币制度和历史信息的重要资料。

观音变相雕版

明

长 51.5 ~ 78.6、宽 24.2 ~ 25.7 厘米

1951 年接收自歙县许承尧家

　　双面刻雕版，现存五块。共三十图，每图均配变文，由著名画家丁云鹏绘制。他以高古游丝描画观音慈颜威仪，功力深厚；线条道劲匀细，圆熟流畅。刻工出自歙县虬村黄氏之手。名绘名刻各尽其妙，构成画刻双绝，代表了徽州版画中期的发展水平。

森竦挺持空倚
上干悠然大士
拊石靜觀無情
說法是語匪戒
誰來問法請問
此石

海中寶華超出萬象以定慧
力宴坐其上遡風氣馥映水
光華隨其心淨顏結因芽

九絞浮屠如携如取文衣飄
～風動霞翠屄與神馬逵蹈
獨遊中有設利光亘十州

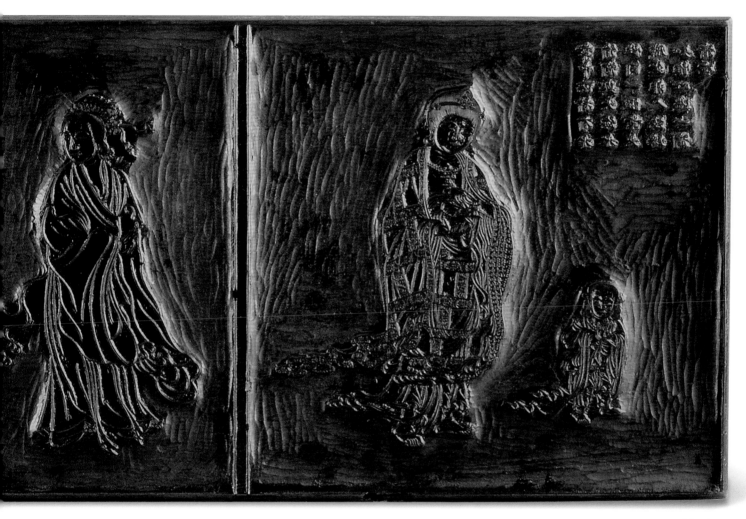

攝拂枝顧寄
此冥漠四性
寂然夢亦是
覺崒世皆夢
我寧獨醒持
此夢機以示
寐人

夢亦是
世皆夢
獨醒持
機以示

柜，猛士負此稚子
摧剛為柔在一彈指
疇無烈心與蚤觸爭
豈如移之作護法城

掌中只持有水
消滴與大海水
性同一溫業火
爇然非人汝燔
知惟心造一滴
清淳

（之二）

四大何重一葉何
輕飄然而遊蓮葉
可乘輕重易生為
起心故大士無心
徙容安步

毒龍懷噴墮此異端有顧護
法戴我不難我道既成兩顧
亦滿持此見佛知佛不遠

大士導人在一指端云
何擾几嘿而不言我知
其中無意可指根在塵
空木石自語

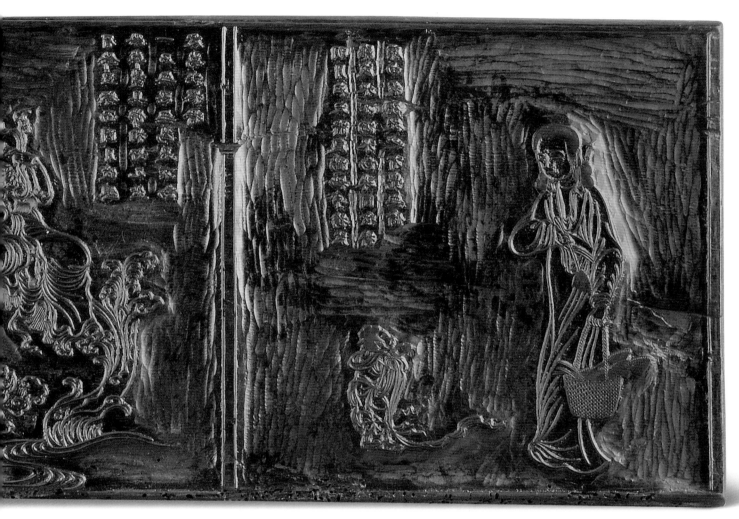

水百歲究然
形者卓爾不遷見恒河
之迁流刹那莫保彼君
粲然者少皤然為老形

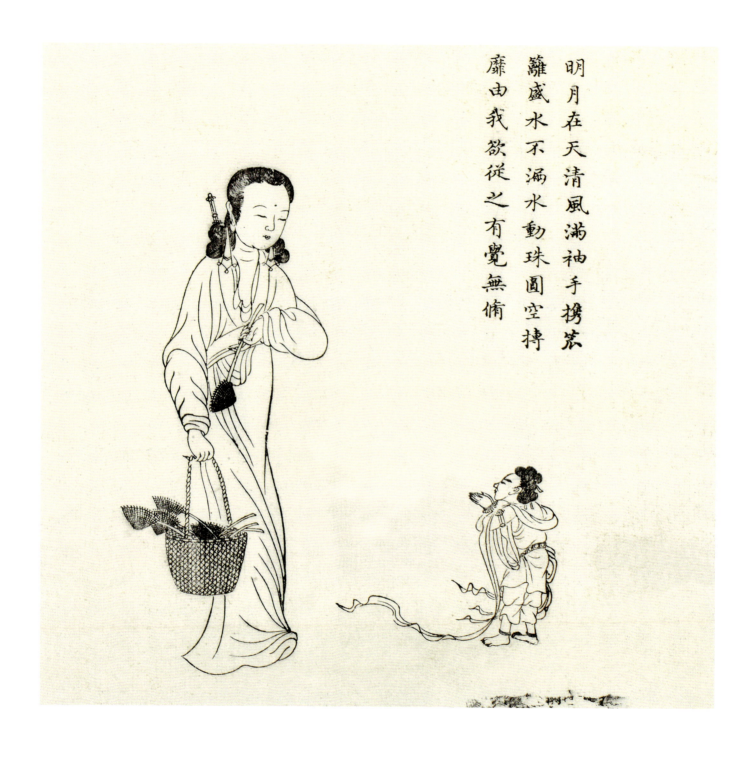

明月在天清風滿袖手攜筐
籮盛水不溍水動珠圓空搏
靡由我欲從之有覺無俦

豪萬法揔持
一石無思無為是不動
絡華鬟具佛相好兀然
眉鋒呈燦面門月皎纓

星燦面門月皎纓

（之三）

大士行遊泠然御風口
吞大千不蔕于胸童子
何為禮大士足潮音空
洞寄此巖竹

行遊泠然御風口
千不蔕于胸童子

維觀世音見佛作禮
代佛說法是法王子
舌如瀾翻不失道根
契之者緣緣在音聞

龍性難馴如火猛烈大士
遇之湛然水寂水火性空
現大日輪施無畏力與此
世人

芬彼雜華如来
智海於覺宝由
而浮自在一法
不立廓落無營
安住毗盧耿〻
孤明

孤明

霍然一寤盡地包籠諸佛
陀耶在我掌中婆心正切
無坑自墜伸毋陀羅浚巴
鼻處

為佛禦侮
而不怒不大勇猛
自殘嗟大獅王威
傷外道壞法祇以
以刀截風於風何

以刀截風於風何
傷外道壞法祇以
自殘嗟大獅王威

以佛執佛豈顛倒見化佛現

前如法雲然一示無量無量

一身誰除見網直濟迷津

飛鳥遊空楊朸
生烟我不瞖義
如意長眠誰云
大士聞敥浮度
宴坐寂然觀者
自悟

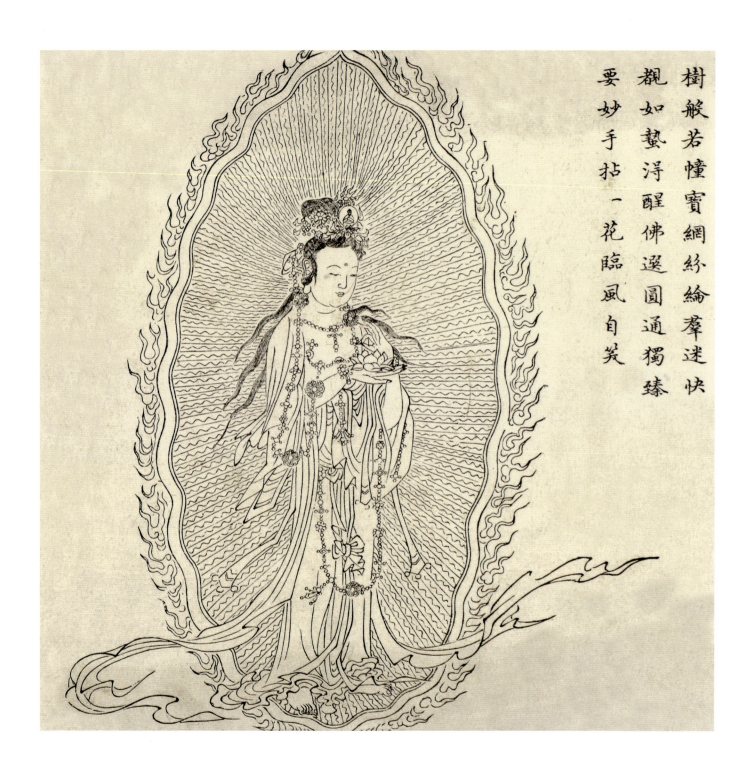

樹般若幢寶網紗綸羣迷快
觀如蟄浮醒佛選圓通獨臻
要妙手拈一花臨風自笑

（之四）

擬心一絲隔閡寒夕
日下孤灯其照幾何
心花炭明去住無所
水中之月了不可取

絲隔閣寒夕
燈其照幾何

夜靜水寒金鱗不餌
此於何來浮自船子
縱之可逝操之可求
在一指間其價難酬

於何来浮自船子
之可逝操之可求
一指間其價難酬

魔事熾然日與法
競以杵摧之不戰
而勝譬彼夢幻雜
然紛披匪力所制
知幻則離

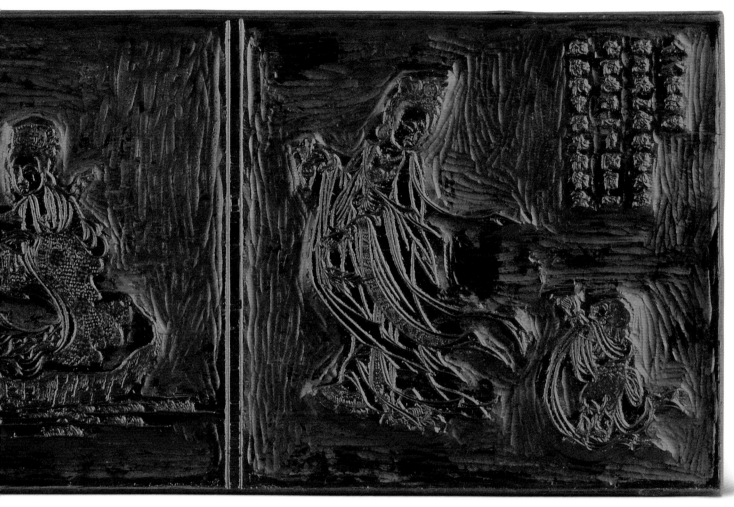

相喻以言非言可畫相濡以
沫：不能潤何如回頭大圓
鏡中朗然一照萬法皆空

琉璃瓶中浮水清净童
子何为乞以自润尔以
法乞我以慈与挈火宅
人入清净地

大士繡経：自我作
如人為縄乃以自縛
以無言音誦無説経
是無耳者聞此大乘

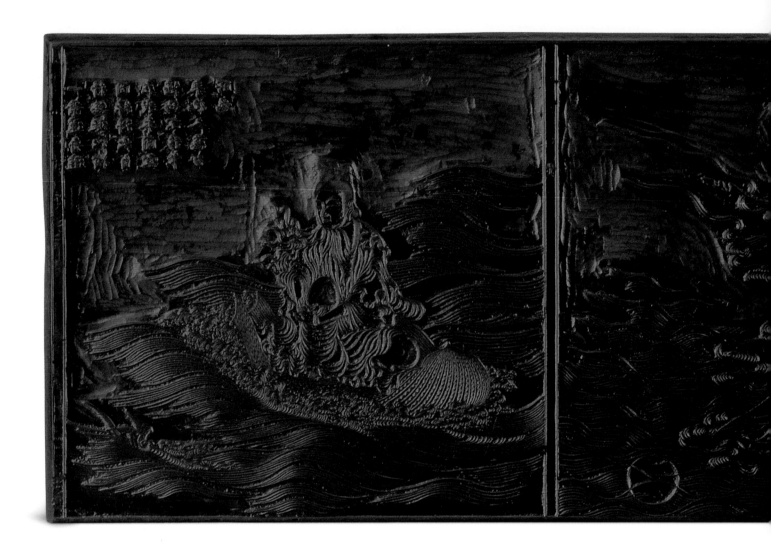

（之五）

一葉蓮舟遊
行無礙以何
因緣得大自
在我本圓寂
湛而不移聿
來化人慈刀
所為

一水一月常湛常徹如：
不動了不相涉晏寂之門
穩持羣機函蓋大地此福
田衣

一用常甚常敬如：

热恼宾怀根种焦枯大士
闵之灌以醍醐澤瀝飂清
真慈在物丛竹凤裾珊三
可掬

典雅静怡　珍品荟萃
——《江淮撷珍》展陈氛围的营造

　　安徽博物院精品陈列《江淮撷珍》在形式设计上紧扣"精"这一理念。围绕精品文物说话，突出展品的精、美、珍，以达到清、雅、静的展陈效果。

　　展厅在空间布局上不设展墙隔断，秉承疏朗大气、典雅静怡的环境氛围。展览分为"金银溢彩"、"美玉生辉"、"漆作天工"、"雕饰绝艺"、"铁画奇葩"五个展区。依托合理规划布局，参观流线快捷顺畅，便于观众脉络清晰地观看展览和静心的观赏珍品。

　　展厅整体色调以淡雅的暖色调为主，墙面大面积用的是暖色调海基布与米色大理石饰面装饰相结合。地面铺就深色仿地毯纹块状塑胶地板，顶部黑色铝格栅吊顶并装饰金属铁幕，划分出重点文物展示区域。展柜颜色为深咖啡色，柜内衬以淡雅的米色包布和白色磨砂亚克力文物托。整个展厅色调淡雅、布局疏朗、通透大气，给观众一个整洁雅静，疏朗安静的观赏环境。

　　序厅作为观众参观展览的第一门户，如何既能切合展览主题，又能第一时间抓住观众的视线，序厅氛围的营造尤为重要。序厅以珍品为点睛开篇，加重"序"的功能展示性。

　　《江淮撷珍》序厅氛围的营造动静结合，既有国宝珍品实物，又有动态的投影相呼应，动静结合。为了突出馆藏精品的特点，以国宝文物——金边玛瑙碗为重点展示。通过高科技的转化，结合影像将立体动态的玛瑙碗影像投射到大面积的背景墙上，给观众呈现出大的视觉感受，当观众步入展厅时，首先会被深色背景前徐徐转动的金边玛瑙碗投影所吸引。玛瑙碗在深色背景的衬托下金光闪亮、熠熠生辉，远远地夺人眼球，从而激起观众强烈的参观欲望，突破了常规展览的单一表现形式。在重点灯光的照射下，展柜内国宝"金边玛瑙碗"尤为突出。玛瑙碗碗壁较薄，呈橙黄色，局部有暗红色斑纹，于半透明中朦胧地显露出自然的纹理。为了更好的展现国宝金边玛瑙碗的晶莹剔透，柜内采用冷暖相结合的光纤灯重点照明，结合柔和的底打光，使得金边玛瑙碗呈现出晶莹的自然纹理与柔和妩媚的光泽，更加生动而有灵气，给人以良好的观感美。展柜上方层叠椭圆形的金色铁幕吊顶，有力地烘托出重点文物重点展示的神秘氛围。配合背景绘画和周边米色大理石整体连贯造型，序厅整体构成一幅无比生动

金边玛瑙碗实物与动态
投影结合展示

序厅

的展陈画面，意趣盎然。

　　序厅徽标在与展厅的总体色调保持一致的同时，为了突出主题，在形式上也要有所变化，

序厅

会标处用米色大理石做出叠基，底纹采用有沙粒质感的砂岩为底，这样与光滑细腻的大理石形成对比，突显主题"江淮撷珍"四个大字，也显现出8个海棠边亚克力造型，采用UV彩色印刷技术制作的文物图像清晰雅致。徽标文字是集米芾的书法体，笔势雄健而有韵致，使主题徽标部分体现出层次立体的丰富效果。序厅石材选用米色大理石，光滑整洁。门框大理石雕花纹饰，取展品中银果盒的二方连续纹样，层叠装饰一周，端庄古朴。这使得序厅的氛围更加的高贵典雅。

　　在灯光部分，《江淮撷珍》展厅全部采用人工照明。通过不同的照明烘托温暖、安静的参观氛围。灯光主要分为柜内灯光和环境灯光两部分。对于环境照明及展品照明采用不同吃力手法。对于精美的玉器、金银器、竹木牙雕等这一类展品的陈列，最适合的光源首选光导纤维射灯作为照射光源。这种光源的优点是溢出光和紫外线少，热量小、聚光点小，采用这种光源既保护了文物，又节约了能源。柜内采用顶光、底光相结合重点照明突出展品。顶光采用光纤灯着重照亮在展品上，突出文物展品，尽量还原展品的本色。底光用可调光源，相较顶部光源稍微调暗些，透过磨砂亚克力底座，柔和的漫射光作为补充光源，使重点文物更加突显出精美，在环境光较暗的情况下尤为形象突出。这样既增添了观众的参观兴致，又激起了观众探寻的情绪。

在展览设计中，《江淮撷珍》的前言、单元说明、柜内外版面，在设计中都要考虑到整体与局部的关系，空间的衔接与连贯，既要把握好它们的基调之间的内在联系，又要与整体协调，既要突显出个性与特点，又要做到内容和形式的完美结合和统一。

前言部分的设计，采用与序厅协调统一连贯的米色大理石铺就、凹嵌式海基布为底，并装饰内藏式的暖色灯带，前言文字雕刻在厚重的木纹石上，木纹石的自然纹理变化，似乎讲述着源远流长的历史。

《江淮撷珍》单元部分的设计既要与整体协调，又要重点突出。背景墙采用大面积油画布印刷古典的传统图案，并印有重点文物的图像，区分出每一段落的不同。文字内容分为两个层次来表现，单元标题和单元说明。单元标题材料选用了深咖啡色和白色两种颜色的亚克力雕刻文字，字体采用了书法体和印刷体组合，突显出单元主题。单元文字内容丝网印刷在透明钢化玻璃上，紧贴背景墙安装，既有层次变化，又使得背景图案隐约显现。柜内柜外的重点文物展板，版面设计色调高雅重点突出，图片、文字内容简约精炼、通俗易懂。

柜内文物托设计造型为梯形，材质为磨砂亚克力，光洁雅致，造型精美，制作精良。磨砂亚克力使得底部的光源更加的柔和，使得展出的精品文物没有阴影，文物底部的精美造型和纹饰尽收眼底。为了更好的展示文物的完美视角和造型，特殊文物特殊设计展托。对于较小的文物如玉器、金器等，设计成有斜面的亚

多媒体触摸屏

展柜全部采用定制，设计要求比较复杂。展柜要求安全、密封、恒湿。在确保文物的安全前提下，提出设计要求，如展柜门的开启方式强调科学合理便捷，灯光的安装要求温度和紫外线达到文物安全的范围内，柜内恒湿机、报警器的安装位置等等都提出了严格的要求。造型上不做夸张处理，规整自然。柜体颜色为深咖啡色，色调协调，整体沉稳。

在重点文物展柜上方和重点展示区，运用了铁幕的造型烘托气氛。铁幕本身的金属质感及编织纹理形成了若隐若现的通透感，再辅以灯光的营造，使展厅形成了层次变化的神秘的氛围。铁幕造型有弧形落地、圆形吊顶、方形吊顶造型变化，形成了不同的装饰区间，既起到了重点区域的提示作用，又烘托出展厅整体

克力文物托，这样便于观众有更好的视角观赏珍品。文物的名称、年代和出土地点，文字内容采用丝网印刷技术，印刷在洁白的磨砂亚克力底座上，显得简洁明快、干净大气。

为了使本展览更加生动有趣地贴近观众，展厅内摆放了两台大屏幕多媒体触摸屏，观众可以自己动手翻阅，更多的关于本展览的知识得到了拓展延伸。让观众形象生动地了解到铁画、漆画和木雕制作过程影像资料，从而获得文物的更多知识。在多媒体页面设计上结合了本展览整体设计思路简洁大方突出主题，整体色调以咖啡色和淡雅的米色有机结合，页面排版雅致大方、主题鲜明。选用古典悠扬的编钟音乐作为背景音乐，让观众悠闲地漫步于艺术殿堂之中，尽情地欣赏每一件稀世珍宝。

在展柜设计上，《江淮撷珍》展览的展柜有四面观看的独立展柜、三面观赏的边柜、和展示铁画的大面积通柜，有机组合，合理布局。

柜内展版

单元说明设计　　　　　　墙面展板

神秘的气氛。

　　《江淮撷珍》专题展览珍品文物精美绝伦。当观众从二楼顺序参观至五楼，看过了气势宏伟的《安徽历史陈列》、大气恢弘的《徽州古建筑》、文气十足的《安徽文房四宝》、丹青隽秀的《新安画派》展览后，来到了雅致安静的《江淮撷珍》展厅，会让您心情安静下来，情绪放松下来，慢慢地欣赏，静静的品味每一件精品文物的历史价值和艺术价值。

（执笔：马　兰）

观世音菩萨三十二相大悲心忏雕版

《观世音菩萨三十二相大悲心忏》，又称《观音三十二变相》，是描绘观音的各种形象说法、普度众生的我国古代佛教版画作品，全图三十二幅，为明代万历年间歙县制墨名家程幼博刊本。

《观世音菩萨三十二相大悲心忏》木雕版于1950年由皖南人民文物馆在歙县唐模收集，图画板共五块，每块大小不等，厚薄不一，长51～76、宽24～25、厚2～3.5厘米。雕板为双面刻，每面三图，每图中均有说明画意的文字（变文），雕版每块正反两面有图六幅，合计三十图，缺二图及原题识，未署绘画、雕刻者名。另有方绍祚、许承尧题记小板一块（长78、宽25厘米）。这些雕版现藏于安徽博物院。

程幼博，生卒年不详，明万历时期制墨名家。初名士芳、大约、君房，字幼博，号墨隐道人，一号独醒客，安徽歙县人，曾官至鸿胪寺序班，著有《程氏墨苑》。程幼博为佛教信徒，《观世音菩萨三十二相大悲心忏》是他的施刻本。此版绘刻极为精美，然而他去世后不久就散佚了。明天启二年（1622年），歙县岩寺方绍祚搜集后加板一块补刻题跋，曰："《观世音菩萨三十二相大悲心忏》，幼博氏施本也。摹刻精严，洵是胜果。惜其人谢世，板随散轶，乃辐凑而归予，若有大士现身而为之说法。爰是鸠工补遗，复为流通，期与大众皈依顶礼，蠲除宿障。自心三十二相显现无方，唯在皈依者随缘因果耳。天启二年如月芳春节奉佛弟子方绍祚谨述并书，板藏绣佛阁。"题跋后有"方绍祚印"白文印，"锦绣阁"白文印。

此书自明代天启二年方绍祚搜集并补完以后，其雕板与书一直藏于歙县岩寺镇。民国二十八年（1939年），清末翰林、著名收藏家歙县唐模许承尧在岩寺某故家楼上看到当时仅余三十相的雕版，且无方绍祚题跋。后又在方绍祚后人方雪江家中发现此书明代印本，以及方绍祚序文，就将序文摹刻重印。方雪江名修，是许承尧故人醉民之子，嗜读书，工书法。许承尧与方雪江多有唱和交往。方雪江提供此书明代印本予许承尧。许承尧据此上板补刻方绍祚序。因此成就一段合璧佳话。许承尧补题曰："按，此板十余年前贮岩寺一故家楼上，今仅存三十相，余均佚矣。方绍祚题记别得于岩寺方雪江家，绍祚其远祖也。亦旧印本，兹为模刻。以《程氏墨苑》校观，知出丁南羽笔，且精美更胜《墨苑》，剞劂技亦入神，洵吾乡美术特征也。己卯许承尧记"。题后有"疑庵"白文印。

许承尧（1874～1946年），名芚，字际唐，一字芚翁，号疑庵，安徽歙县西乡唐模村人，近代著名诗人、方志学家、书法家、文物鉴赏家，著有《疑庵文集》《歙事闲谭》，编纂《西干志》等。他在补题中认为此书是明代画家丁南羽所绘。丁南羽（1547～1628年），明代画家，名云鹏，号圣华居士，安徽休宁人，长于白描，人物、佛像、山水无不精妙。

《观世音菩萨三十二相大悲心忏》为程幼博刊，根据许承尧的考证为丁南羽绘图本，而程、丁合作的雕版，多出自歙县虬村黄氏刻工之手，例如《程氏墨苑》书中插图由著名画家丁南羽、吴左千、李维贞、汪伯玉等人所绘，刻板为黄鏻、黄应泰所刻。此《观世音菩萨三十二相大悲心忏》刊于歙县，从镂刻风格看，此本应为黄氏名工所刻，许承尧亦考证为虬村黄氏刻工无疑。

《观世音菩萨三十二相大悲心忏》图版，系名绘名刻，各尽其妙，绘镌精丽奇绝，画面布局雅致而工整。观音意态生动，潇洒出尘，衣纹细如游丝；山云舒卷，奇石嶙峋，古木枝丫，水波回漩；线条细腻而匀称，刚若铁线，柔如游丝，刀法精细入微，是徽派版画艺术之高峰。郑振铎先生曾赞誉黄氏刻工"凡镌雅秀丽或奔放雄迈的画幅，一入黄氏之手，胥能阐工尽巧以赴之，不损画家之神意"。"点粒不苟、精工之至，即一衣褶亦穷工极巧，然富丽中不失潇洒之气韵"[1]。徽派版画是构成光芒万丈的万历黄金时期的支柱，而这部《观世音菩萨三十二相大悲心忏》毫无疑问是其中最杰出的代表作品之一。

（博 信）

---

[1] 张国标：《徽派版画艺术》，安徽美术出版社，1996年，第2页。

铁汁泼素绢　画苑称奇葩

铁画初称铁花,它产于芜湖。又叫芜湖铁画。铁画自清代汤鹏始,已有三百多年的历史了。铁画闻名中外,古今遐迩,堪称"中华一绝"。

提到铁画,追溯其创造人,当属汤鹏。

汤鹏创作铁画,绝非偶然。中国是世界上创造冶铁技术和最早使用铁器的国家,远在西周晚期我国人工冶铁就已经开始了[①]。战国冶炼业已达到高度水平,战国出现了空花焊接的空花铜饰[②],上海博物馆的《中国青铜器陈列》,展出了几十件战国墓出土的羊饰、鹿饰、马饰等动物饰牌,1956年辽宁省西丰县西岔沟墓群出土了多件的西汉双牛等铜饰,山西省博物馆曾展出了汉代的铜花片镂透雕饰,可以看出它已经是萌芽期铁花特征的雏形。自汉以来,佛教传入中国,在中国大地上佛教寺庙星罗棋布,建筑的屋脊、飞檐上的铁制饰物,寺庙前的铁塔、铁鼎,寺庙中的铁钟、铁云板、花香架、铁花瓶以及蜡台之物等,均为铁锻或铸造,它们都是当时铁业者所制造。明清时期这些东西就更多了,福建省福州市郊明通议大夫兵部侍郎张海的墓葬中,出土了一套锡制生活用具模型,这些模型大都刻出花边,其中锡床的图案纹饰均为空花焊接[③],这种空花焊接图案非常象后来的铁花,有的已经是后来的铁花的范例了。铁花于明代中叶已具备了铁画的特点。在湖北省武当山紫霄宫有由歙县汪虎捐献的一铁制蜡台,蜡台四周绕缠枝花卉,它是明代弘治十四年(1501年)徽州人路永和所锻造[④]。在山西五台山上佛殿前还发现过刻有明天启年号的施主购自芜湖字款的铁花灯[⑤]。从清初魏之璜作《铁画歌》来看,铁画于明末清初已形成了独特的境界。清康熙铁画的锻制已非常成熟,使铁画成为了独立的民间艺术品。铁画盛于清乾隆、嘉庆,到了清末光绪以后逐渐衰落。铁画早期是宗教礼仪的用品,一般用于寺庙佛案上花案瓶的插艺,这些铁花被饰以金、黑和彩色,非常鲜丽夺目而耐久,是信徒们的理想供品。芜湖因为靠近佛教四大名山之一的九华山,不仅万商云集还香客众多,人们皆喜欢购买芜湖铁画中的铁花枝、铁画灯,作为自己的敬佛之物。现九华山庙内尚有清代的这类铁花[⑥]。同时,在皇家宫廷和园林中以铁制花样的花窗出现了,这些饰物花纹或镂空透雕或浮雕,已经具备了早期铁画的特征,很明显这些东西就是铁画的前身。铁花由实用物品逐渐演变而独立出来,成为铁画艺术品。

芜湖位于长江和清弋江汇合处,一直为皖南重镇,水路交通十分方便,物产富饶,为江南鱼米之乡。铁业生产尤盛,唐代诗人李白曾写下"炉火照天地,红星乱紫烟,赧郎明月夜,歌曲动寒川"的诗篇,记录了这一带铁矿开采冶炼夜以继日的场面,自古以来素有"铁到芜湖自成钢"之称。这里,商贾云集,市场活跃,经济繁荣;这里,铁业兴盛,巧工能匠,争强斗艺,锤打的铿锵之声,终日不绝于耳。

清初,一些文人明代遗臣,如太平县的汤燕生,歙县的方兆僧,新安的韩铸和削发为僧的一雨，新安画派的先驱者渐江、海涛以及隐居芜湖的画家萧云从、萧一旸、萧一芸、姚宋、彭浚、刘海江、梁璠等云集于此[7]。他们能诗善画，又以明亡不肯屈身异族，自负民族气节，隐迹匿名于诗画，还有徽派版画、徽州"三雕"等已盛于世，精于雕刻的工匠也多有会聚于芜湖。区区一个芜湖，一时人才济济，这些给汤鹏创作铁画提供了必备的物质条件和技术基础以及必要的客观艺术环境。

汤鹏，字天池。生卒年不详。祖籍江苏溧水县明党乡，幼年时为避兵荒和天火，逃荒来到芜湖，经过一番周折，才在一家铁匠铺当上了学徒，他白天辛苦劳作，夜晚宿寄于老浮桥边船舱里与乞丐为伍。当时，他"与画室为邻，日窥其墨势"，受到了启示，引起了对绘画的兴趣。晚上他自己则废寝忘食地在沙滩上以手指或树枝代笔，以白天看见的情况记忆，划沙作画，终日不止，决心发奋以铁作画。他大胆借鉴了国画的章法布局，并把墨技巧溶于炉锤焊接之工，终打制出了铁画。汤天池技术逐渐提高，"攻金竟类攻皮鞣赋形肖物"。而他并不满足，登门求师"萧尺木，求其稿。"随之，汤天池的铁画别开生面，工艺水平也大大提高，"锻铁做山水、花卉、人物、虫鱼、鸟兽作为屏对堂幅，均极其妙"，"锻铁为山水障、寒汀孤屿，生趣宛然"，竟达到铁画作品与萧尺木的画稿毫无两样的地步。因此，汤鹏名声大振，"名噪公卿间"，铁画也传至日下。

从以上点滴情况看，我们可以大体得出，汤鹏生长在清初，主要活动于康熙年间，他是生活于民间的清贫艺人。汤鹏是芜湖铁画的创制人，一代宗师。

在铁画的发展中不能不提另一个关键性的人物——梁应达。

梁应达，字在邦，生卒年不详。建德（今东至县）人，一作浙江建德人。性聪颖多才，能诗善画，难于进取，乃弃旧业。居于铁工邻，因寄技于铁以自娱。凡画工所不能传者，皆能以铁传之。年八十余卒，技逐失传，从金浚的《像生志》中知道，金浚写《像生志》时，梁应达当时50岁。金浚为青浦人，他官建德教谕的时间是乾隆八年到十四年（1743～1748年）。从金浚为梁应达作传的时间，可以假定梁应达生于清康熙三十二年（1693年）至清康熙三十八年（1699年）。故梁应达比汤鹏晚了50多年，梁应达出生之年，如汤鹏还健在的话，也已是晚年。梁应达应为康熙至乾隆年间人，是继汤鹏创始以后的又一铁画锻制的著名杰出人物。

从铁画的制作锻打工艺来看，汤鹏的铁画（字）锤锻技艺是十分高明的。铁字的笔画线条并不是像面条扁平状的，而是呈现扁圆形，增加了它的立体感。另外，铁画铁字的锻件与锻件相接，是用红炉锻打的手段进行的。也是唯汤鹏所独有的。

汤鹏作品意境寒荒，简洁空灵，线条刚劲，气势恢宏，手法拙重，工巧于表现锻制之技，多见大幅巨制，题材繁多，应用广泛，这是因为其为匠工出身而重实用，此为汤独到之处而梁所不及。梁应达的铁画作品气韵生动，风格柔媚，富于书卷气，精深度极于力掩炉锤痕迹，无冷寒之感。他得力于善书画心有灵犀、融会贯通之天资。而他在锻制方面，就大大的逊于汤鹏。梁应达的山水画是采用铁锻打一部分，象树枝、树叶这些组合件都是先把铁锻成薄铁片，然后用薄铁片剪裁而成。锻件的焊接采用锡焊、铜焊工艺。铁画的锻技逊于汤天池，如果从工艺研究的角度来看，梁应达发展了铁画工艺，扩大了制作工艺的方法和技巧，为大规模的生产提供了条件，奠定了现代化的生产方式基础。汤鹏与梁应达的铁画技艺各有千秋，一是铁工学画，

① 河南省文物研究所、三门峡市文物工作队：《虢国墓地再次出土大量珍贵文物》，《中国文物报》1991年1月6日。

② 郑振铎：《中国历史参考图谱》，上海出版公司，1947年。

③ 林剑：《福建省四年来发现的文物简介》，《文物参考资料》1955年11期。

④ 安徽省地方志编纂委员会：《安徽省志·文物志》，方志出版社，1998年。

⑤ 石谷风：《古风堂艺谈》，天津古籍出版社，1994年。

⑥ 石谷风：《古风堂艺谈》，天津古籍出版社，1994年。

⑦ 刘乔、刘伯璜（执笔）、姚永森：《试论芜湖铁画之历史成因》，《社联通讯》1992年22期。

一是文人锻铁。绘画与锻铁工艺二妙汇流便成了精美的铁画艺术,他们是创造铁画艺术的并蒂莲。

铁画的品种多样,有横幅、条屏、挂屏(中堂)以及座屏和铁画宫灯等。铁画简明有力的线条,具有特殊的表现力,风格古朴典雅,是我国古代劳动人民创造的杰出的艺术奇葩。

汤鹏所锻制铁画,花卉虫草无不精妙,山水屏则寒汀孤屿,生趣宛然。黄钺的诗说,他睡中梦游赭山亭竟被风卷松涛声惊醒,醒来一看,却是一副汤鹏铁画屏风引起的。[1] 清许仁《汤天池铁兰花》诗云:"花满琼瑶雪满苔,巉岩时见树枝开。等闲凭仗东风力,我自千锤百炼来。"可见,汤鹏之铁画极有神韵。汤鹏创世作品极少,而山水大幅"世罕得之"。江苏省镇江博物馆藏汤鹏《溪山烟霭图》[2],高140、宽76厘米。画面上方山峦叠嶂层林楼阁掩映其间,山脚下流水开阔浩渺,舟楫往返,游客临水远眺;岸上杨柳依依,农舍临水依树;一桥为虹,高士在桥头致礼迎接来访的友人。画面上方为"汤鹏"二字,遒劲有力,并有"天池"(阳文)、"汤鹏之印"(阴文)两印章。另,故宫博物院藏《铁画四季花卉图四扇挂屏》[3],系清康熙年制。挂屏四扇成堂,硬木边框,屏高118厘米,单扇宽36厘米,屏心镶铁画"牡丹白头"、"荷花鹭鸶"、"菊花鹌鹑"、"梅花喜鹊"等四季花卉,它以花卉禽兽,吉祥谐音分别组成了"富贵白头"、"一路连科"、"安居乐业"和"喜上眉梢"的吉祥语汇表达寄托人们的美好愿望。《四季花卉图》铁画挂屏,构图丰满,富有生气,动静相宜,鸟语花香,主题突出,布局十分得当;在锻造技艺上,牡丹与菊花梅花的花朵采用多层锻件相接,花头为半圆立体形式,栩栩如生。在第一扇挂屏的右上方有迎首印一方,第四扇挂屏的左上方署"汤鹏"二字,并有铁制印章款两方。此挂屏为现知有款识的汤鹏铁画中的唯一一幅花鸟珍品。

汤鹏不但能铁画传神,又"善飞锤接书,尤以狂草书法称著"。因此,汤天池的铁字与铁画齐名与世。

安徽博物院藏铁画(字)作品数十幅,从艺术风格上来看,大都是清代人的作品,除少数有款识外,一般都不具款。只有一幅铁字联确为汤鹏之作,铁字联内容为:"丁卯春月,晴窗流竹露,夜雨长兰芽。鸠江,汤天池"。该铁字联高115、宽29.5厘米。它龙蛇起伏,满壁纵横,最撩人眼。铁字笔飞墨舞,挥洒淋漓,大气磅礴,激荡观众。铁字一笔到底,笔势起落顿挫,连接交叉,似金蛇狂舞,若断还连。书法艺术的特殊魅力,会见诸家书法的痕迹,那行云流水般的气势,真不敢相信是用铁打出来的。1958年9月,毛泽东同志视察安徽省博物馆,当面对这幅有"丁卯春月,鸠江汤天池"款识的草书铁字联时,竟朗朗读了起来"晴窗流竹露,夜雨长兰芽",并指出"露"字残断末尾一笔,应当修补起来[4]。汤天池铁字以洒脱中见奇峻,以紧密中见疏放,真可谓是"神品"。

梁应达,是以铁传画的又一杰出代表人物。他的作品较多,技艺超群,很有代表性。近年来,在东至县梁应达的家乡,征集到两件清代铁画《梅雀图》和《兰花梅竹图》。这一发现对研究梁应达和铁画源流提供了重要资料。中国工艺美术大师、铁画国家非物质文化遗产项目代表性传承人杨光辉同志,前几年曾在浙江省建德县发现了有梁应达款的铁画《芦蟹螳螂图》座屏。现藏于安徽省博物馆的《溪山泛舟图》、《竹石图》、《芦蟹图》铁画作品,技术娴熟精巧,已臻绝妙,是梁应达传世铁画作品中的佼佼者。

《溪山泛舟图》画高59、宽71厘米。以自近山而望远山的平远法取景,将近岸广水、旷阔遥山展开,这乃是平远法与阔远法相结合的传统山水画卷。画面近处岩下泊船内一人似在小

[1] 黄钺:《竹枝词》。
[2] 毛颖:《汤鹏"溪山烟霭图"铁画》,《中国文物报》1995年9月14日。
[3] 彭玉清主编:《明清家具(下)》,中国鉴赏出版社,2003年。
[4] 胡悦谦:《毛主席视察安徽省的历史陈列》,《博物馆信息》1986年17期。

憩，远处三条小舟正扬帆竞发，画面中的近岸远山、矶头广水、坡石茂林、扁舟点帆、烟波浩渺，空间感极强。章法平整、结构严谨、简中寓繁、层次丰富；错落有致、平中见奇、疏泊淡雅、以意取胜。疏林彼岸，远岫平林，经"扁舟一棹归何处"为点缀，整个画面都活了起来。在制作技巧上，近处的松、彼岸的树、矶头下的扁舟与水中的点帆，重叠的巨石，遥山的轮廓，坡石幽亭，石间小路，线条简练流畅，富有韵味，这些都是根据远近主次的需要采用不同的方法，以多种线交织的层次和谐完美地表现山"青山看不厌，流水趣何长"意境和萧散简远的笔墨韵味，更突出了中国画中收放自如、疏密得体、笔划刚劲的文人画的趣味。

《竹石图》画高187.5、宽97.5厘米。左下角在巨大太湖石旁，有一簇翠竹拔地直立，枝叶萧疏，树枝迎风摇曳，风姿秀逸。根下小篁新出，生气勃勃。右下角两块小石点缀，使整个画面平衡完整，古朴苍劲。竹节以铜钮扣，石以折铁皴马牙皴纹，技巧精湛，画意绝佳。据博物馆的前辈们讲：早年在左下角仍存题款，虽不清晰，但仍残存"在邦"的"邦"字的半边。《竹石图》挂屏为清乾隆年间锻制。

《芦蟹图》画高63.7、宽77厘米。画面构图别致，意境清新，一枝芦苇自左向下弯曲枝梢伸展吐出花穗；一枝伏倒下垂，梢开芦花。一簇叶片左发，交互穿插，忽右折叶，忽呈螳螂肚，在密集的芦叶中又出一芦花开放。而三只螃蟹不是平均分配：右上布一只大蟹，举螯钳取散逸的芦花，正忙于觅食，靠边沿放两只正在横行对阵的小蟹。它们虽在一条直线上，但却有主次和变化。螃蟹和芦花明显形成一个躺卧的"丫"字形，空间的分割打破了方形构图平板的空间氛围。三只螃蟹生动活泼，再加上螃蟹的头胸部、胸甲和许多对肢的动作都做了精心的安排，神态逼真，

呼之欲出，画面生机盎然。另，"在""邦"二印与芦苇蟹相得益彰，如似一幅极佳的水墨作品。经营位置恰到好处，有画处毫无累赘，虚实相托，无画处也为妙境，这是一幅罕见的铁画精品。在锻制的技巧方面，芦苇偃仰起伏，芦叶飘卷，芦花零落，立体逼真。尤其传神的三只活灵活现的螃蟹，壳上的凹陷，身上的毛刺，螯爪的屈伸，画龙点睛的眼睛各有其妙。芦蟹以独特的立体视觉效果，景物用工与意的结合，平中见奇。使"稻熟江村蟹正肥，双螯如戟挺青泥"的《芦蟹图》成为铁画中的不朽之作。

另，《四君子》是最受人们喜爱的题材。《梅》，折枝生梗添花攒萼，天成铁石身，它挺健、劲拔，花俏益发峥嵘，芳馨报春信；《兰》，右发密叶交互，婀娜花枝碧叶长，兰花盛开将怒放，春风吹来满谷香；《菊》，花之璁珑掩映，枝叶穿插或正或抑或卷，劲草迎风，傲霜挺立，叶上草虫鸣啾，佳色晚香；《竹》，断竿冲天，新篁簇生，布叶生枝结顶，拔节发叶，风摇萧影天矫超霞，岁暮风寒凌云，有节虚心。四幅铁画挂屏在构图上，梅兰竹菊均右出为起势。每幅均留有1/2或2/3以上画面的布白，画面起、承、转、结，动静相宜，立体布局，虚实、疏密互生，给人以无尽的遐想，充分体现了当时文人画的闲情逸雅的趣味意境。《四君子》挂屏为清末制品。

铁画是中华民族传统艺术的精华，有独特的艺术表现形式——它将国画、书法等诸多艺术融入了铁画作品中。无论是人物木石、风景山川、花鸟草虫，都古朴典雅，意境深远。铁画艺术具有以下几个特点：

一、铁的艺术　意志的结晶

铁画脱胎于中国画，借用中国画的"六法"，使铁画的构图章法"直教六法归洪炉"，创作了神形兼似中国山水、花鸟画的铁质的"中国画"。

铁画秀丽潇洒，挺括刚劲，并具有独特的三维空间立体感效果。艺人以锤代笔，以铁为墨，用铁的锻打使点线面具有笔墨难以达到的苍劲雄浑的效果，形象饱满，气韵生动，神采非凡。

铁画的创作，是力量和意志与钢铁拼搏的结晶，俗话说"打铁也需自身硬"，铁画的千锤百炼来，确让人"始信人间兔毫弱"，"赋形肖物皆我由"。铁画艺术品的产生都是铁画艺人们顽强的意志，使顽铁"百炼化为绕指柔"。

二、画的奇葩 伟大的创造

铁画是一个新的画种，用铁的材料创造了优美图画。花卉草虫，"芙从蓼穗各有态"，花枝婀娜，风飘动秀色。"山水万里居然生咫尺"，寒山古寺、衰柳扁舟，生趣宛然。铁画灯"束垂虚壁"、"面面光青荧"。铁画取二者之长，产生了这种独特的画种，铁工屏幅到今称，是画苑中的奇葩。铁画丰富了民间美术，也为民间美术增添了新的血液，是个伟大的创造。

三、黑白协奏 诗画的乐章

铁画黑白分明，黑色在人们的审美习惯中具有非凡的魅力，白是黑的对比，黑与白的科学使用，在我国古代艺术实践中创造了极其宝贵的经验，产生了极深远的影响。铁画用黑色线条组成了有节奏的画面，并通过白的反衬，把画面突现出来，显得非常高雅古朴。黑与白虚实相生是每幅铁画画面有机组成的特征，是依靠虚的衬托来烘云托月，使画面出神入化。虚实相生，就是黑与白的协奏交响，使得铁画有画处和无画处也皆为妙境。

铁画，是以中国画为范本，进行再创造。铁画情趣的表现是铁画创造的精髓。世人说，画是无声的诗，诗则是无形的画。铁画以情取胜。铁画就是一幅文人画，是诗与画交响的乐章。

四、平面蜕化 立体的观赏

铁画突破平面化，走向立体化的观赏，是它的又一特点。铁画吸收了木雕刻艺术形式中半立体的造型手法，展现了介于平面与立体之间而韵味独特的铁质雕塑之美。铁画的立体观赏，是一个质的飞跃。铁画神似中国画，传神写照，是画的奇葩；铁画疏淡雅致，黑白协凑，是诗画的乐章。铁画从平面中蜕出，富有立体的观赏特点，是中华民族文化宝库中别具一格的艺术珍品。

铁画，"炉锤之巧"竟达"前代所未有"的神奇，多少文人墨客，或诗或文记叙歌颂赞美汤鹏和他的铁画作品。清魏之璜作《铁画歌》，清钱塘梁同书作前后汤鹏《铁画歌》，一时唱和者甚众。清诗人韦谦恒的《铁画歌》、朱文藻、黄钺、王泽、陈文述、许起、彭蕴灿、陈康祺、康发祥、陆以恬、许仁、谢堃、马庚良、金浚、郑午昌等赞颂铁画的诗文、铁画歌知多少？前人咏铁画的诗文脍炙人口，不但是不朽的文学作品，又是研究汤鹏及其铁画艺术不可少的宝贵资料。这正是："以铁的资料创造优美的图画，以铁的意志创造伟大的中华。"[①]

(董伯信)

① 1964 年夏，郭沫若视察芜湖工艺厂时对铁画的题词。

兰觞醉月　犀觥清凉

犀牛角不仅是名贵的药材，也是雕刻工艺材料中的极品。由于其本质浑厚苍深，加上精美的雕工，不但用作酒杯，亦可作为书房几案上的珍玩清供。因此被誉为文房雅玩杂件中的重器。在中国，犀角的名贵不在犀牛兴盛繁衍的时代，而是在它濒临绝迹了一千多年以后的明清两代。这除了犀牛相比较于大象更罕见的原因之外，可能还源于唐朝诗人李商隐的一句名言"身无彩凤双飞翼，心有灵犀一点通"。因为中国人始终相信：犀牛角上的那一根白线，是可以直通到心灵深处的。

安徽博物院就藏有一件明代犀角杯。其口径 13.5×10.5、底径 5×3.4、高 7.5 厘米，棕色，由杯口而下渐呈深褐色。浑重苍黝，古色古香，整个器物形似在花繁叶茂的玉兰枝干上托出一朵盛开的大玉兰花，器口呈椭圆形，雕玉兰花瓣，花瓣自然伸展形成敞开杯口，口大而薄，形成绽开的花朵状，花朵部分，则采用减地阳文的手法，使其呈柔美之感。枝、叶、蒂、萼则采用了圆雕技法。内壁花瓣片片，层次分明，线条流畅。外壁有浅雕的花蕾、枝叶环绕。圆雕蒂、茎盘缠在底部，自然形成圜状底边。整只犀角杯，从杯口至杯底自然减小，似乎头重脚轻，不能立稳，这正是犀角杯奥妙之所在。此杯造型庄重典雅，因材施技，静中有动，动中寓情，充分显示了明代制犀艺人高超的技艺，是一件难得的艺术珍宝。

犀角杯雕刻件从题材上来划分，可分为花形杯、山水杯、人物杯及仿古杯四类，此器当属花形杯。其构思独特、典雅大方，华贵美观。

明代早期多将犀角浮雕或镂雕整株的玉兰、葵花、牡丹、茶花等图案，枝叶简练茁壮，在盛开的大朵花的四周常衬托小花蕾。这一时期刀法圆滑光润，不留雕刻痕迹，是明早期犀角雕刻的特点。民间相传用犀角杯饮酒可以清热解毒，所以它便成为了犀角器的主要器形。

犀角杯的图案装饰均用阴线、阳线、平凸、阴起、起凸和镂空等雕法，镂空用于把手，雕成枝梗或松树的枝干，仿古镂空把手有时有雕龙、螭等盘绕，也有的用犀角零料制成无把或单把的酒杯。

明代中叶，随着都市经济的繁荣，雕刻艺术有了长足的发展，竹木金石牙角等材料都成为雕刻艺术品的原材料。很自然的，犀角成了雕刻中的珍品，文人雅士放置在案几上，与文房四宝一起作为清供或珍玩。加上上层社会追求享乐，宫廷以及社会的需求更是刺激了犀角雕刻的发展，不仅官方设立了犀刻作坊，民间的犀刻场所也应运而生，接着，一些个体手工艺者及爱好工艺的文人也加入到犀刻业中来。使用犀角制品成为一种时尚，犀角作品开始增多，艺术风格逐渐向着纤巧细腻、刀工快利、布局繁缛的方向发展。此时花卉题材仍占主导地位，但多采用折枝小花和四季花作装饰，整株大朵花图案的作品减少。减地阳文的作品增多。图案繁缛、刀锋快利、显露锋芒是这一时期的特征。明代雕刻高手就有鲍天成、蒋烈卿和尤通等，其中尤通"善雕刻犀象玉石玩器，精巧为三吴冠"。人称"尤犀杯"。他善于因材施艺，根据犀角的大小形制，雕刻成不同形态的人物、鸟兽或器皿。上海博物馆藏有一件明代的"乘槎杯"，就是尤通制作的。雕刻名家的出现，又推动了犀角雕刻艺术向个性化方向发展。

犀角雕刻艺术从明朝的初步繁荣，至清中期达到了鼎盛。清初的犀角雕刻继承明代的传统风格。因明末著名的牙角雕刻家仍继续从事雕刻工艺。雕刻蟠螭纹和龙纹的犀角杯数量增多。进入乾隆朝，犀角雕的器形种类颇丰，除杯外，有圆雕人物、洗、挂件及仿古器形爵、鼎、羽觞等，雕刻工艺精致至极。

明清时期犀角雕刻与象牙、竹木的雕刻没有严格的分工，所以，犀角艺术品与同时代的竹木牙器艺术的风格有颇多相似之处，犀角的雕刻技法与风格，深受竹雕艺术的影响。社会上具有文人气质的犀雕艺术家不断出现，他们能诗能画，修养极高，这就决定了他们的作品很少匠气，而又颇具艺术品位，深得皇室特别是文人士大夫的喜爱与推崇。于是，许多文人墨客追逐时尚，亲自参与设计雕刻，使雕刻与绘画相结合，作品具有层次感，增加了表现力与感染力，具有浓郁的书卷气，并时常有一些立意清新而乖巧的作品问世。

清代后期，国力衰微，犀角料进口减少，且主要用作药材，所以犀角雕艺术与其他工艺艺术一样，逐渐走向衰落。

犀角器因受角形的限制，除以整角制成的酒杯外，尚有盅、碗、钵、洗、盒、鼎、炉、瓶、笔架、花篮、盆景、扳指、钳件及供欣赏用的人物、动物等雕刻。古代士大夫们都以得到一件犀角制品为荣耀。常将其作为炫耀财富的标志。据传，明朝万历年间，常熟赵用贤任礼部侍郎，觅得

一个犀角杯，视若拱璧。可是后来被人盗走。赵家遣人四出搜索，遍寻不得。赵用贤临终前有言，务必找回犀角杯，作为传家宝，让长子嫡孙世世代代传下去。赵氏后裔始终铭记祖上遗言，一代一代，努力寻访，二百年之后，终于探得辗转流传的犀角杯在山东曲阜颜氏手中。最后，赵氏后裔仰仗内阁学士翁方纲大力，用一件上好玉杯换回了犀角杯，赵家将犀角杯虔敬地供奉到自家祖庙，告慰于列祖列宗。翁方纲特地撰写了《归赵歌》作为纪念，当时"觥觥归赵"在艺林传为佳话。

明代著名市井小说《金瓶梅》，描写西门庆有一条犀角革带，清客应伯爵夸赞西门庆的犀带是水犀角的，可以分水和照明，说什么"夜间燃火照千里，火光通宵不灭"等等。这些并非兰陵笑笑生一时兴起而杜撰，都是文献上有过记载的。《吴越志》载：有人献给钱武肃王一件云鹤水犀带，武肃登上了碧波亭，命手下一个叫许彦方的人系上犀带下水，结果，分开的河水达七尺有余。《杜阳杂编》载：敬宗时，南昌进贡一件夜明犀，入夜犀光照耀百步开外。犀牛角虽说名贵，也有许多特殊之处，但说得如此玄妙，则是民间神化的结果。

由于大量的猎杀与截取角质，亚洲犀牛于明末清初时候就濒临绝迹了。亚洲犀角有一个典型特点，就是角上面有一道沟，底部凹进部分突出一条冈，俗称"天沟地冈"。现在我们能看见的犀角多产自非洲、南亚的一些国家，非洲犀牛角又称"广角"，黑褐色，广角的纹丝细，而且相互粘连，无蜂窝状眼，无鱼籽样纹，无天沟地岗，这是与亚洲犀牛角的显著区别之一。明曹昭《格古要论》载："犀角出南蕃、西蕃，云南亦有。成株肥大花儿者好，及正透者价高。成株瘦小分量轻花儿者不好，但可入药用。其纹如鱼子相似谓之粟纹。粟纹中有眼，谓之粟眼。此谓之山犀。凡器皿要滋润，粟纹绽花儿者好。其色黑如漆，

黄如粟，上下相透，云头雨脚分明者为佳。有通天花纹犀备百物之形者，最贵。有重透纹者，黑中有黄花，黄中又有黑花，或黄中有黄、黑中又有黑。有正透纹者，黑中有黄花，古云通犀，此二等亦贵。有侧透者，黄中有黑花，此等次之，有花如椒豆斑者，色深者，又次之。有斑散而色淡者，又次之。有黑犀无花而纯黑者，但可车象棋，不甚直（值）钱。凡犀带有角地上贴好犀作面而夹成一片者，可验底面花儿大小远近，更于侧畔寻合缝处可见真伪。又有原透花不齐整，用药染黑者，则无云头雨脚，黄黑连处纯黑而不明。但有粟纹不圆者，必是原透花不居中，用汤煮软，攒打端正，不是生犀，宜一验之。凡器皿须要雕琢工夫及样范好，宜频频看之，不可见日，恐燥而不润故也。毛犀，其色与花斑皆类山犀而无粟纹。其纹理似竹，谓之厘犀。此非犀也，不为奇也，故曰毛犀。骨笃犀，出西蕃，其色如淡碧玉，稍有黄，其纹理似角，扣之声清如玉。磨刮嗅之有香，烧之不臭，能消肿毒及能辨毒药，又谓之碧犀，此等最贵。"这段文字对犀角的种类、特征、优劣及辨伪均作了详尽的介绍，明清时期对犀角的甄别判定，基本上沿用此法。即使我们现在鉴别犀角仍可以借鉴。

时光荏苒，而今已成为世界级珍稀保护动物的犀牛，其角已禁止在市场流通。因此，明清时期所留下的犀角杯及其制品早已是稀世珍宝了。

（章望南）

责任编辑　王　伟　李　红

责任印制　陈　杰

装帧设计　李　红

设计制作　雅昌设计中心·北京　田之友

图书在版编目（CIP）数据

江淮撷珍 / 安徽博物院编 . 北京 ： 文物出版社，2013.1

ISBN 978-7-5010-3259-4

Ⅰ．①江… Ⅱ．①安… Ⅲ．①文物－介绍－安徽省 Ⅳ．① K872.54

中国版本图书馆 CIP 数据核字 (2011) 第 178513 号

江淮撷珍

编　　者	安徽博物院
出版发行	文物出版社
社　　址	北京东直门内北小街 2 号楼
邮　　编	100007
网　　址	http://www.wenwu.com
邮　　箱	web@wenwu.com
经　　销	新华书店
制版印刷	北京雅昌彩色印刷有限公司
开　　本	889×1194 毫米　1/16
印　　张	11.125
版　　次	2013 年 1 月第 1 版
印　　次	2013 年 1 月第 1 次印刷
书　　号	ISBN 978-7-5010-3259-4
定　　价	280.00 元